대문 없는 집

정우연 시집

대문 없는 집

달아실기획시집
47

보조 용언과 합성 명사의 띄어쓰기 등 본문의 맞춤법은 시인의 의도에 따른 것임.

시인의 말

근근이
맞이한 봄날
먼지 쌓인
시작詩作 노트를 털었다.
한 묶음의
단막극

끝을 알리는 종이 울리면
내려야 하는 장막 끝에
보잘것없는
사유가
어른거린다.

2025년
정우연

차례

대문 없는 집

2부. 느린 우체통

3부. 오래된 서랍

4부. 비밀 기도

1부

무엇

김 서린 거울 뒤로
하얗게 숨어버린 무엇

개소리

올여름 정말 별별 했지요
더위는 꺾인 듯 코스모스 살랑입니다
가을입니다
예년처럼 서랍 속 두었던 당신과 약속을 꺼내봅니다

아침저녁 식사, 마사지, 이빨 닦기, 영양제 먹기
규칙적인 생활은 힘들지만 건강에 유익합니다

참, 일전에 보스턴테리어의 행동은 정말 끔찍했어요
물린 자리는 아물었지만 보험이 필요함을 절실히 느꼈죠
사나운 개가 나타나면 적극적인 신변 보호 필요합니다

당신이 아프면 나도 아파요, 절대 아프지 마세요
그리고 당신이 잡은 끈과 내가 잡은 끈 놓지 않기
명심하세요
따뜻한 행복이 가득 피어납니다

회항

달력 한 장 접고 펴고 꼭꼭 눌러 만든 종이배
강물에 잠길 숙명 안고 진수를 한다
알 수 없는 목적지, 어디로 갈지 모르는 출항

꽃 만나고 하늘 품으며 흘러간다
비 내리면 비를 맞고 바람 불면 바람 부는 대로
긴 여정 외로움은 먼지 조각되어
도도한 강을 황톳빛으로 적신다

끝이 시작되는 강과 바다의 만남
함께 온 이야기가 강 끝, 저문 바다로 빠르게 섞이며
세상 인연을 하얀 포말로 분리한다

하늘과 바람과 꽃을 만나면 갈 수 있는 곳
돌아갈 수 없는 곳, 회항을 꿈꾼다

빈집

집주인은
막내딸 집에 간 지 오래되었고
한구석 쌓아놓은 연탄은
몇 해를 묵었는지
새까만 탄기 빠져 눈에 띄게 거칠다

집주인 닮아 꼬장꼬장하던 연탄집게는
여기저기 부스럼이 폈고
연탄재 버린 골목길은 여전히 봉곳하고
뒤꼍 처마 끝 연탄재는 말없이 낙숫물 받는다

긴 여름 홀로 보낸 연탄보일러는
주인 없는 설움에 속상한지 벌건 녹물 토하고
연통 잡고 있는 거미줄에는
먼지만 잔뜩 서려 있다

풍겨오는 밥 짓는 냄새
어디서 오는가
묵은 연탄 몇 장 피워 고기라도 구우면

집주인 잔소리가 저 멀리서 들리겠지
장맛도 손맛도 집주인이 그립다

얼음꽃

꽁꽁 언 냇물
반짝이는 얼음골
동그라미 겹쳐 동심원 그린다

얼음에 닿은 땅은 분명한 경계선 그려
너는 땅, 나는 얼음이라 구분 짓는다
경계선이 끝나는 자리
성에로 휜 꽃 성벽 얼음성 그린다

바람은 물 닿는 곳을 녹여
곡선으로 번지고
햇볕은 구석구석 맑은 색 더해
수정처럼 눈부시게 한다

햇볕과 바람이 부르는 노래
후렴구 되어 차가운 회오리 일고
냇물 가장자리까지 울려 퍼진다

겨울은 냇물이 차갑게 어는 것을 걱정해

겹겹이 눈부신 꽃 피운다

여러 겹의 문

#소음

시간이라는 조각
작은지 큰지 가늠할 수 없는
오늘 한 조각을
다이어리에 겹쳐 붙인다
별에서 달려와 문을 통과한
작은 데시벨의 모닝콜로
하루를 시작하는 소리들

#잠겨 있는 문

문으로 연결된 세상
무엇인가 숨기기 위해, 나누기 위해
세상은 문으로 가득 차 있다
자기를 숨기려 문을 닫고
자기를 안에 놓고 세상을 잠근다
문을 두드릴 때마다 두근대는 마음을 느끼도록

멀찌감치 들려오는 소리를 듣기 위해
문을 열어야 할 때
잠긴 문 열 수 있는 열쇠 하나와 주어진 시간
그 열쇠로 다시 나를 잠근다

#닫히는 문

왼손 중지 손톱에 생긴 흉터
놀란 그 순간을 만든 문
아픈 손톱의 연유를 알던 날
문밖으로 도는 성격의 발원이
그 순간으로 연결된다는 것을 알게 되었다
두 팔 두 발로 엉금엉금 기던 때
문지방 위로 향한 손과
힘이 가득 찬 문이 교차하는 순간
대성통곡으로 기억을 지웠으리
분주한 삶 속에서 때론 온몸에 가뭄이 들면
손톱은 주상절리 되어 거친 비늘이 선다

이제, 문을 닫기 전 손 빼는 일은 익숙한데
마음 여는 일에 날카로운 비늘이 서는 것은

#내일이라는 귀퉁이

내게 주어진 시간
날카로운 비늘을 접고 소리에 섞여
들어오도록, 자리 잡도록 때로는 열어야 할 문
꽃이 품었던 봉오리를 열 때 향기가 피듯
오늘은 소리의 출입구를 열어둔다

그 길

처음 가는 길 돌머리 텃세에 설움 깊고
꼭꼭 숨은 아침 이슬 바지 젖기 일쑤지만
가고 또 가면 흠뻑 정들어 눈 감고도 가는 길

논두렁 타고 개울 건너 아랫마을 가고
고개 두 번 넘으면 초등학교 담장 끝
스님 계신 절까지는 산길이라 몇 번 쉬어가는 길

모진 비바람에 쏠리고 닳아
흔적 사라진 발자국과
잊지 못한 이야기가 소복이 쌓여 있는 길

할머니 무릎 베고 숨죽여 듣던 전설
어둠 내려앉은 성황당 가는 길
지워진 그림자가 웅성웅성 걷는다

무엇

이틀 지나면
짙은 먹구름이 끼는 기억
김 서린 거울 뒤로
하얗게 숨어버리는 무엇

무엇인가
찾으러 왔다가
무엇을 찾아야 하는지 모를
무엇의 시간이 간다

시작을 알 수 없는
기억의 기댐
벽돌담처럼 정교한 무엇
재활용센터 헌옷처럼 쌓여 있는 무엇
잊어버린 나의 무엇

카톡카톡에 항복당한
나의 무엇에게
옮겨가 자리 잡을 공간

약 512기가 바이트

가뭄

두더지가 이 집 저 집 논밭 헤집어놓아
망종에 뿌린 볍씨 아직 기별이 없고
삼복더위에 동네 인심은 가물대로 가물고
먹 감을 개울물도 말랐다고 가뭄 소식 전한다

개울 건너 응달말 산딸기는
빨갛게 당도를 높여 아이들 발길을 잡는다
숨겨논 가시에 찔려도 포기할 수 없는 신비로운 맛
입술 까맣게 물들며 허기 채운 그날이면
여지없이 배탈이 났다

세상 모든 것이 마르고 갈라진다
줄어버린 펌프 물
막일로 먹고사는 집은 그나마 논물 걱정은 덜었건만
하늘이 하는 일 속을 태우고
삶을 태운다

닥나무 삶아내는 가마솥이 열 일을 하고
철모르고 익어가는 개똥참외와 노각만 신이 났다

1977년 여름 해는 지겹게 뜨거웠다
올여름이 그 여름 따라 하기 시작했다

나무젓가락

알록달록 치장한 종이옷 한 겹 벗고
미루나무 고운 속살 나이테 문신 드러내며
몸 끝으로 꽃내음 바다 향기 맡으며
이 일 저 일 바쁘다 보면
나약한 몸 붉게 고추 색깔 물들고
다리 붓고 휘어져 일하기 힘들 때
예쁜 옷 입고 다소곳 앉아 하늘만 보면 좋겠네

요리할 때 물불 안 가리고 신나게 춤추고 싶지
때로는 매운맛에 눈물 흘리지만
볶을 때는 다리 힘 빼고 빠른 템포로 탱고를 추고
지지는 일은 양념이 한 번에 묻어 다니도록 아이스댄싱
뺑뺑 휘젓는 일은 몸 곧게 세워 중심 잡고 발레를 한다

맑은 날은 보송보송 흐린 날은 눅눅해지는 곧은 몸
기분 좋게 노래하는 멋진 친구에게
오케스트라 지휘자 되어 박자 맞춰 흥을 돋우고
한마음으로 두드리는 젓가락 장단
온몸 두드려 없던 정도 붙게 한다

때로는 감별사 되어
짠지 단지 매운지 간을 보고
매우면 세상 어렵고 힘든 이야기 꺼내며
짜도 매워도 인생
불러주면 어디든 가고 무엇이든 하지만
쓰고 나서 부러뜨려 버려지는 인생도 인생이다

삼월 할미꽃

볕 잘 드는 곳 뿌리 두고
그 자리 꽃피우는 것은
인연 깊게 살자는 마음

무슨 근심 그리 많아
구부정히 머리 숙여
언 땅을 이려고 하나

긴 눈썹 분홍 얼굴
하늘 보길 외면하니
움트지 않는 마음

바람 불면 등에 지고
햇볕 나면 가슴에 안으면 되는 일
동강 사는 할미처럼
허리 곧게 펴고 하늘을 봤으면

복약법

한 뼘 종이에
깨알 같은 글씨가
서 말이다

실눈 뜨고
미간을 찌푸리고
깨알 글씨 살펴본다

콩 한 되가
깨알 서 말보다
용한 약이 될 듯

침침한 눈을 떼고
하루 세 번
식후 즉시
복약법을 익힌다

서리

대얏물이 꽁꽁 언 겨울
서리 깔린 차가운 미군 숙영지에 사이렌이 울리고
셰퍼드 두 마리가 컹컹 짖으며
코를 박고 무엇인가 찾는다

전쟁놀이로 사기 오른 꼬마들은
시레이션* 한 박스를 서리해
십 리 거리 윗동네에 숨겨놓고
시치미 떼며 완전범죄를 꾸민다

지난여름
앞집 형네 수박으로 허기진 당분을 맘껏 채웠듯
짭짤한 비스킷과
쌉싸름한 커피 분말
신비로운 맛 통조림 케이크가
유쾌한 주전부리가 될 듯

어느 달빛 흐린 날
산 너머 신양동 병철네 씨암탉도

밤을 넘기지는 못할 것 같다
촌놈들은 엄동설한 몸보신 생각에
꼴딱 침이 넘어가고 절로 힘이 난다

* 시레이션: 미군 전투식량의 한 종류.

환상통

꿈을 꾸었다
검을 든 사람이 말을 건넨다
아무나 의사가 되나 꿈꾸지 마라
검은 구름 하늘을 뒤덮고 바람은 구름을 사방으로 흩
뿌린다
나는 구름 조각이 되어 날아간다, 어디로 가는지 알 수
없다
하늘을 보고 운다

꿈을 꾸었다
검붉은 계곡에 미끄러진다
한 뼘 오르면 한 길 더 빠져들고
살려달라 외치면 뜨겁게 공기가 달아오르며 벽을 만든다
소리 하나도 통과 못 하게 차단한다
수많은 외침이 깊은 계곡을 헤매 되돌아온다

꿈을 꾸었다
폭풍이 밀려온다
강을 붙잡지만 끝없이 소용돌이에 빨려 들어간다

누구도 손을 내밀지 않는다
처음 느끼는 향기와 전율이 몸을 감싸고
신경을 부수고 정신을 마비시킨다
끝없이 녹아내린다
열꽃이 얼굴을 덮어 하늘을 피하고
시기하는 노래 귀 막고 부르고
작은 손을 감추려 주머니에 넣었다
어느 곳도 상처는 없다
그 자리만 맴돌고 마음에 풀 수 없는 경련이 일어날 뿐

2부

느린 우체통

기다리지 않은
엽서 한 장이 왔다

영월식당에서

팔다리 저리고 무릎 쑤신 날
마음이 구름 낀 듯 우중충하고
꽁한 마음을 풀고 싶을 때
중불에 녹두전 반죽 한 국자 올리고
타기 전에 뒤집고
노릇노릇해질 때
반으로 잘라 속까지 익히면
기름 냄새에 코끝이 마비되고
고소함에 죽는 줄도 모른다

어떤 날에는
양파를 듬성듬성 썰어 넣고
청양고추 채를 더하여
짭짤하게 간한 제육볶음이 준비되면
첫 잔부터 소주와 맥주를 섞어
회오리 오르게 휘저은 다음
내장까지 빨리 이르도록 단숨에 들이키면
불그스레 미소가 꽃피고 활짝 마음도 핀다

수십 가지 불편한 이야기는
쌈에 가득 싸서 와작와작 먹으면
그것만큼 달콤한 안주는 없을 법

혹시
미운 사람 더 있으면
계란말이 안주 하나 시켜
케첩으로 미운 사람 눈코 입을 그리고
간장에 고추냉이 많이 풀어 쓴맛을 보게 하고
진솔한 이야기를 꽉꽉 눌러 담아 내놓으며
아주 다정하게 바라봐주면

더 좋은 정이 오갈지도 모른다

두부틀

어느 날 핀잔을 들었다
너는 어찌 틀에 박힌 일만 하냐고

나는
삐거덕대는 문을 잡아주는 문틀도 아니고
손때 기름때 잔뜩 묻은
콩가루 송홧가루 다식틀도 아니다

저녁에 여러 번 씻어 불린
서리태 한 말을 갈아
가마솥에 끓여서 콩물을 내고
간수를 부어 굳힐 때

제법 무거운 돌 하나
짊어지고 버티면 되는 일
내 틀대로 만들어야
반듯하고 손쉽게 나누기도 좋은 법

두부 꽤나 만들어낸

오동나무 두부틀

문종이 바르는 날

늦은 가을
햇살이 격자 문살로 쪼개져
따스하게 비추는 날
한지 한 묶음 풀어
싸리밭에 바르게 펼치고

색 바랜 양은 냄비에
밀가루죽 만들어
석유풍로에 천천히 데워 풀을 쑤고

뜯어낸 문짝 돌담에 기대어놓고
물 한 모금 물고 무지개 나도록 곱게 흩뿌리며
묵은 종이를 불려낸다

모두 벗은 문틀 격자에 풀 펼쳐 발라주고
한지 속 명주실과 인연 깊어져라
구김 없이 당겨 붙이며

온기 묻은 손잡이 곁에는

코스모스 맨드라미 홀 잎을 꽃 모양으로 붙여
가을 담은 수채화 그리고

문틀에 종이가 꾸덕꾸덕 말라갈 즈음
한 뼘 안 되게 문풍지 바르고
몇 번 여닫아보며 가족의 안녕을 소원한다

공원

삼십육도 하늘이 파랗게 익었다
분수를 차지한 아이들은
자기들만의 신호로 더위 이기는 주술을 외운다

물기둥이 하늘로 솟구쳤다가
빗물처럼 바닥으로 곤두박질치며
박자 맞추어 다시 솟구침을 기다린다

분수를 지키는 대리석 육각형 기둥은
쉼 없이 차가운 수맥을 찾지만
뜨겁게 달아올라 메말라간다

숨쉴 만한 공원 한편 그늘진 곳
운동기구 차지한 나이 든 사람들
혼자만의 구령이 늘어가는 시간

바람이 빠르게 발걸음을 몬다
하늘도 따라 걷는다
인생 단풍이 드는 계절 쪽으로

부추꽃

봄을 재촉하며 수없이 떨던 보리수와
여름을 따라 꽃길이 되어준 채송화
백일을 피겠다고 꽃대 곧게 세운 백일홍
속살 붉게 태워 가을을 그렸던 맨드라미

당신의 열 평 정원에 하얀 부추꽃 필 때
힘겹게 이고 간 주름도 하얗게 피어나고
너무도 닮아 곁을 지켰던 꽃들과 함께
봄을 그리며 당신도 그리워하리

당신이 꽃으로 피어날 시간
붉은 양탄자 깔아 반기고
비도 바람도 잠시 숨 돌릴 때
곧은 꽃대 지팡이 짚고 편히 오시길

계절 익는 냄새

눈 녹아 촉촉한 문전옥답에
잘 익은 거름 내어 뿌린 날
지긋이 깔리는 저녁연기에 묻어
온 동네 덮어버린
봄날 두엄 냄새

여름방학 끝날 무렵
집 앞 도랑가 항아리 속
찰랑찰랑 물 채우고
못난이 감자 한가득 품고
지나는 사람 코를 쥐게 하는
감자 삭는 냄새

노랗게 가을이 익을 때
도롯가를 뒹굴며
이 사람 저 사람에게 밟힌 상처로
씨알을 지키려 요동치는
은행알 냄새

추운 겨울 사랑방 한구석
낡은 홑이불에 꼭꼭 쌓여
벽에 걸린 외투에 배어들고
후각을 마비시켜도
맛있는 반찬이 되어줄
청국장 띄우는 냄새

노획

소년이 땡볕에 앉아 강을 바라본다
소초에서 호저 가는 뱃길에
생필품을 가득 실은 나룻배는
쉴 새 없이 도롱수강*을 오간다

개똥참외 배꼽이 아물 때
강물이 휘돌아 가는 원바위 곁에
삼삼오오 천렵꾼들은
세상 시름 떨쳐내는 전투를 한다

유흥의 찌꺼기가
하나둘 강가에 쌓이고
노을이 대화지강*에 물들 때
소년은 노획한 전리품을 자루에 매고 행진한다

삼거리 가게 주인장은
공과를 기록하고 칭찬을 한다
소년은 꿈을 꾼다
강물을 오르는 불거지처럼

힘찬 비상을

우박

거친 바람, 검은 구름이 힘을 더해
땅 모서리에 쏟아져 부딪히니
찢어질 듯 차갑고 날카롭게 아우성이네

세상 냉대가 얼마나 컸기에
비도 눈도 아닌 얼음덩이로
차가운 한이 되어
설익은 가을을 조롱하듯
차갑게 세상을 흔드나

따스한 날 햇살 품고 내리면
참 예쁘기도 할 텐데
김장 날만 기다리던 배추를
상처 내고 멍들게 했으니
그 원망을 어찌 이길까

느린 우체통

여보
인생은 살짝 미쳐야 즐겁대
하고 싶은 것 하고
당신 말대로 활짝 꽃피워봐

수레너미재* 우체통에서
한참을 머문 듯
곰팡이꽃 피고
귀퉁이 좀이 슨 채
가을 끝
색 바랜 낙엽 되어

기다리지 않은
엽서 한 장이 왔다

* 수레너미재 : 강원도 원주시 소초면에서 횡성군 강림면으로 넘어가는
  치악산국립공원에 속해 있는 고개.

구름 속의 달
— 아버지를 그리며

오단 서랍장에서 먼지를 쓰고 기다린
고향 집 배경의 풍경 사진과
카투사 시절 개리슨모가 잘 어울리는
스물두 살 청년의 흑백사진

성경책 속지에 성례*의 생일을 고이 적어 지키고
딸의 태어남을 기쁨으로 축복한 추억
절실하고 무거웠을 삶과 소소한 삶의 흔적

만난 지 오래되어
기억 저편에 머물러 그리움은 사무치고
구름 속 달이 되어 있을 거라는 간절한 마음으로
오늘 당신을 만나려 합니다

야곱**! 보고 싶습니다.

* 성례: 어머니 이름, 성은 함씨.
** 야곱: 아버지의 천주교 세례명.

사랑이

그녀의 까만 눈동자 속에는
우리의 세상 풍경이 가득하고
그녀의 입술은
달콤한 오디색으로 반짝입니다

한번 휘돌아 말린 꼬리를 흔들며
반가움을 쏟아내고
은빛 물든 외투는 볼 때마다 시샘거리입니다

첫 모습 수줍은 듯 남자를 피하던 그녀는
조그만 손길에도 애교 가득 허리를 기대고
은빛 꼬리를 흔들며 흰 장미를 피워냅니다

오늘도 산책 시간을 기다리는
아홉 살 말티즈
영원한 꼬마 숙녀
사랑이와 함께
우리 집 사랑이 소복소복합니다

미학

깨진 화분 속이 드러나
뿌리가 보인다
빛이 없는 좁은 공간
엉키고 엉켜
하얀 넝쿨 세상이 되었다

새 화분에 거름흙을 듬뿍 담고
겉잎 속잎 솎아주고
잔뿌리 풀어 잘라내니
다소곳 자태가 곱다

화분 속같이 넝쿨진 세상
풀 것은 풀고
담을 것은 담고
어찌 되었든
세상 속 양분이 되는 일

봄

햇볕
한 소쿠리
꽃잎 차려입은 봄날

목련, 꼭 다문 입술을 연다
물이 오른다
자작나무에 새파란 새살이 난다

비를 맞을 운세

봄이 오른다
달래 속살이 하얗게 스친다
꽃비가 내린다

대문 없는 집

포동리 648번지, 고래골에 새벽닭이 울 무렵
해가 손톱 반만큼 올랐을 때 태어났다
어머니는 그렇게 나의 생시를 기억한다

네가 상화 아들이구나
아비를 꼭 빼닮았네
가는 곳마다 같은 소리를 들었다

1983년
장양리 923번지 양촌마을
부모님께
잘 갔다 오겠다 인사를 하고
대문 없는 집을 나섰다

배꽃 내음 가득했던 배움터
개포동 155번지 이웃에는
타워팰리스가 들어섰고

백령면 연화리 해병 분초가 있던 자리는

천안함 희생자 추모비가 세워졌다

후평동 95번지에는
공익을 위해 굶어야 하는
비굴의 전기가 여전히 흐른다

꽃이 피고 지고
다시 피고
쳇바퀴 돌며
찾고 찾아도
찾을 수 없는 문

익숙한 문은
오른쪽 아래에 손잡이가 있고
맞바람이 불어도
힘껏 밀고 나가면 열린다

어디에 있을까
기억의 문이 닫혀버린 나

3부

오래된 서랍

차라리 사용법을 익히고
멈춰 서면 서랍을 열지 말 것

한여름

꼼지락 꼼지락
해가 산자락을 잡고 넘을 듯 말 듯
길게 그림자 늘리고
한여름 긴 오후 버틴다

누구도 가보지 않은
내일이라는 시간
오늘과 똑 닮은 해가
엷은 운무를 빨갛게 물들이고

언제나 그랬듯
한나절 지나면
해는 그림자 지우고
세상은 발 가까이 그림자를 숨기겠지

마당 있는 집

이슬 내린
아침을 쓸고
얼굴 가득 주름 그린
시간을 쓸어버리고

그런 나를
마당이 고마워 잡으면
따스한 햇살 모아
꽃을 심고

꿀벌과 나비와 함께
고운 봄빛 풀어
달콤한 시 한가득
꽃 피우리

DMZ 철책선

오늘 만났다
새도 바람도 숨죽이는 곳
서에서 동으로 줄 하나로
산이 강이 삶이 나뉜 곳

강을 걷는다
줄지어 있는 철책선을 따라
떠나지 못한 새는 철새가 되어
한 줌 나락으로 한 계절을 넘는다

남으로 부는
거칠고 마른 바람결은
무심코 길잡이 띠를 흔들며
봄을 타전한다

한숨을 쉬고
숨을 참고 조용히
바람에게 묻는다
무슨 소식 전하려 왔는지

오래된 서랍

네 개 서랍이 모여 산다

추억을 지고 저벅저벅 서랍으로 모인다
없어도 될 것이 기억을 사로잡고
세상 물건 사용법이 모여 줄을 선다

비디오테이프가 추억을 베고 잔다
시디 몇 장이 노래할 날을 기다리고
만년필이 촉 끝을 닫고 갈증을 버틴다

고칠 수 있는 기계가 없다
차라리 사용법을 익히고
멈춰 서면 서랍을 열지 말 것

다시 읽을 날이 있을까
서랍 한가득 사용법이 세상을 바라본다
막도장은 벌건 인주에 이미 취했다

석탑 1

#잔설

어두운 밤 하얗게 빗금 치며 내린 눈
소리 없이 서럽게 석탑 물들이고
아침햇살에 쌓였던 마음 풀어낸 석탑은
맑은 눈물로 기단을 적시네
빛이 닿지 않는 한구석
오늘 밤 홀로 얼음이 될 잔설에
서러움 가득 쌓이네

#쑥부쟁이

더도 말고 덜도 말고 매년 너를 한 번이라도
만날 수 있으면 좋겠다
누군가는 매년 찾아오는 보살이라 생각하여
다치지 않게 보듬고 잡초라 여기지 않았으니
물 한 모금 공양 없어도 석탑 곁에 홀로 핀 한 줄기 꽃
이슬 품고 살아온 쑥부쟁이

#연꽃

석공의 근육이 부서져
기단으로 자리 잡고
달이 기운 날 돌빛 물들이고
기단에 핀 연꽃
바람을 타고 향기 가득
탑신에 스며든다

석탑 2

#돌탑

낭떠러지 아래 동강이 흐르는 산길
알 수 없는 시간 홀로 지키고 낙엽만 가득 친구가 됐네

다듬지 않은 돌 하나 돌 하나
기단도 없이 가파른 경사에 기대선 탑

누군가 걱정이 겹겹이 쌓여
이 길은 슬픔 가득하니 내 곁에 오지 마라 하네

#이끼

너는 어떤 업인*으로 대웅전 앞에 서지 못하고
햇볕 적은 곳에 자리했나
아침은 대웅전 토수기와에 가리고
해 기울 때 종무소 추녀 끝에 가려
수많은 세월 함께한 은행나무도

그림자를 보태고

기단 끝

꽃 하나 자랄 양분이 없어

푸르지 못한 이끼만

한없는 세월을 지키고 있네

* 업인(業因): 불교에서 선악의 과보(果報)를 일으키는 원인을 일컫는 말.

석탑 3

#눈썰미

생각이 덜 여물었던 때
돌아서면 헷갈리는
불국사의 석가탑과 다보탑

눈썰미 없는 두 눈에
기억의 고리된
기단 곁에 누워 있는 金이라는 글자
그것이 다보탑

세월을 따라
눈썰미도 여문 듯
석가탑은 사각 기단이고
다보탑은 팔각 기단으로
불국사의 하늘을 받들고 있네

\#부처

이낀 핀 돌을 축으로
땅을 딛고 돌을 이고 하늘을 받는다
아침 햇볕으로 발우공양하고 이슬로 온몸을 씻어낸다
맨발로 앞에 나가 힘겨운 발걸음 맞이하고
바라보고 또 바라본다
보이는 세상
만물이 부처이고
탑도 부처다

백령도의 아침

풍란은 바람에 한들한들하고
해당화 바다 언덕 붉게 수놓는
까나리 젓갈통 포구를 채우는
삶의 향 짙은
언제나 소박한 중화동 포구

심청이 연꽃으로 피어오른 연화리 앞바다는
모래알 가득 햇살 내려 바다를 더욱 환하게 하고
장촌 해변 콩돌은 바다 가득 보석되어 아침을 빛낸다

양지바른 바위에 물이 빠지면
점박이물범이 사랑을 나누고
초병과 신경전을 벌이는 촛대바위는
홍어배들의 등대가 된다

인천부두를 떠난 탱고*가 들어오는 날
그리운 고향 내음
보고 싶은 친구의 미소를
편지에 가득 채워 오길 바라고

이 땅은 언제나 평화롭기를
촛대바위 향해 손을 모아본다

* 탱고 : 인천시 백령도에 한 달에 두 번 오고 가는 해군 상륙함을 이르는 말.

선재가 되고 싶다

오대산은
천년 묵은 전나무 숲에 부드러운 맨발 길을 내놓고
땅과 긴밀히 인사하고 마음에 위안을 받으라 하네

소나무 참나무 베어 옮기던
산림 철길 자리에는 야자 매트 펼쳐
고되었을 지난날을 보상하듯 편한 발걸음을 주고
햇물을 나눠주던 곡우 박달나무는
아름드리 되어 숲을 지키네

돌담 쌓아 터전을 나누고 봄이 빨리 오길 바라는 마음에
겨우내 헝클어진 잡풀에 황덕불 놓고 화전을 갈던 일상
도처로 나간 그들의 흔적은 없고 안내판만 덩그러니 외
로워
옛 풍경을 더욱 그립게 하네

단풍나무는 가지 몇 개 주홍으로 색을 바꾸는 연습뿐
저 멀리 비로봉 붉나무는 이제 붉은빛이 돈다니
단풍 구경은 스무날은 더 기다려야 될 듯

지금 걷는 길은

문수보살의 깨달음으로 시작하는 지혜의 길이 되길 바라고

착한 사람만이 걸을 수 있다니 나도 오늘은 선재가 되고 싶다

내일 새벽 상원사 동종이 울릴 때까지

긴점박이올빼미도 밤을 무사히 지새우고

오고 가는 만물의 안녕을 부처님 마음같이 자비롭게 지켜주길

풍등
— 누이동생의 항암을 소원하며

하늘 향해 갑니다
아픔 싣고 날아갑니다

날아갑니다
모든 슬픔 담아 갑니다

담아 갑니다
아주 멀리 괴로움 안고 갑니다

나눌 수 없는
눈물, 한숨, 걱정, 근심
다시는 안 오겠다
약속합니다

연화지蓮花池 찻집

하늘은 슬프다
토도독 토도독
눈물이 내린다

안개 가득한 연못
연잎은 눈물로
구슬을 굴린다

구슬은 반짝이고
찻집은 국화향 핀다
찻잔 속 세 송이 소국小菊

기억의 문

춥다고 솜이불 찾고
바람 들어온다고 창문을 닫는다
숨도 쉬기 어려운 팔월 무더위

세상을 바라보던 삶의 창이
조금씩 닫혀가고 희미해간다
창밖 조용히 흐르는 강물에게 무어라 말한다

세월에 흘러간 기억 저편

먹고살려고 남에게 준 자식
군대 간 아들의 죽음
삶을 통째로 바꾼 남편의 사고

원망을 참고 모정을 찾았던 자식
아들 몸값으로 집에 온 쌀 한 가마
지아비 대신 짊어졌던 삶의 무게

아프고 힘들었던

원치 않게 그녀가 그렸던
세상의 그림들이
하나둘 낡고 해져서 잔상만 남아 있다

그녀는 조금씩 기억의 문을 닫는다
아픔을 지우고 원망을 지우고
짊어졌던 무거운 삶을 지운다

나를 볼 수 있는 것

유월의 수국은
엷은 파스텔빛으로
가지 끝 꽃무리 짓고
하늘 아래 물정원에 수줍게 얼굴을 들이네

세상 모든 민낯 물에 담아
잔물결에 속내 감추고
어렴풋이 겉모습 보여준다

물결 속에서
나를 보는 시선은
햇빛
바람
물결에 가리어 희미해지고
물결 깊이 감추어져
보이지 않는다

4부

비
밀
기
도

얼굴 본 지 참 오랜만인데 오늘은 보자마자
얼른 집에 가라 보채시고 손을 내젓는다

어느 날 1

1986년, 봄
설계사 사무실에 취업을 했다
사 먹는 밥이 배꼽 주위에 살찌울 때쯤
매일 지나는 신촌은 벚꽃이 피었고
최루탄이 터지고 화염병이 날아가는 풍경에
행인 하나 말이 거칠고 쯧쯧 혀를 찬다
망할 놈들 먹고살기도 힘든 세상,
하라는 공부는 안 하고 데모질이나

그해 여름
형네 가게 일을 도왔다
물건을 배달하고 연희동으로 오는 길
신촌 철다리 아래는
청재킷을 입고 진압봉을 든 사내들이
투쟁가가 시작되길 학수고대한다
먹잇감을 노리는 잽싼 표범의 그림자가
햇볕 드는 철길 사이로 유유히 지나간다

그리고 가을 어느 날

마포 로터리에서 신호를 무시한 시내버스가
오토바이 타고 길을 가는 나를 쳤다
살겠다는 몸의 신호로 외줄 서커스를 했다
무사했다
버스 기사에게 삼만 원을 받고 없던 일로 했다
분명 버스 기사는 용꿈을 꿨으리라
나 또한 그랬다

어느 날 2

1987년 6월
찌는 더위에 벌겋게 익은 훈련병의 목덜미가
십칠 인치 브라운관을 주목한다
매운 가스와 화염이 꽃을 피우는 아스팔트와
수많은 사람의 거친 외침은
자막도 소리도 없이 무용한 소나기가 되어 내린다

지독한 뜀박질에 배출할 것이 없어
똥 구경을 못 한 엉덩이와
건빵 별사탕에 넣었다는 정력감퇴제 부작용인지
유난히도 무더운 여름이 되었고

총보다 무서운 주먹질을 버티고
마른 땀에 하얗게 변해버린 군복 속에
여물어가는 근육을 숨기며
뜨거웠던 훈련소 하늘에
진심의 맹세를 담았다

이쪽을 보고는 오줌도 안 눈다,

만약 어기면 나는 성을 갈 것이다
그 후 성을 수백 번 고쳤다
아직도 사무치는 뜨거웠던 여름

비밀 기도

얼굴 본 지 참 오랜만인데
오늘은 보자마자
얼른 집에 가라 보채시고
손을 내젓는다

자꾸 기억을 어디 숨기는지
제일 좋아하던 착한 며느리도 몰라보고
아들 생각은 문구멍에 들어오는 빛만큼 났는지
텅 빈 눈빛으로 바라만 본다

봉숭아꽃 물들였던 고운 손끝은
똥 장난치셨는지 누렇게 손톱 물들었고
자존심은 여전해
창피한 듯 이불 속으로 손을 감춘다

겨울비 추적추적 내리는 아버지 기일에
산소 찾아 술 한 잔 올리며
죄짓는 마음으로 아버지께 소원했다

아버지 잘 계셨죠

이젠 더 머물지 마시고

우리 어머니 좋은 곳에 데려가셔요

남한강

하늘은 백두대간 금대봉에
빗방울 하나로 점을 찍어
검룡소를 잉태하게 하고
용솟음으로 천삼백 리 여정을 내딛게 한다

따듯한 온기로 산하를 품고
금빛 찬란 동강 어라연 지나
우륵 가야금 소리에 절로 흥이 나니
물결도 덩실 춤추며 흐른다

흥원창 넓은 포구에서
섬강을 만나 뗏목 가득 풍요를 싣고
황금 노을 맞으니
오늘은 한숨 돌려도 좋다

두물머리에서 저 멀리 서해까지
역사를 담고 유구히 흐르는
고난을 품고 평화를 펼치는
깊고 넓은 너의 이름 남한강

Coffee Brewing

구릿빛 너를 만나는 순간

첫 향기는 황홀경으로 오고
사랑의 마음 지긋이 파도친다
즐거운 상상을 한다

깨알같이 단장을 하면 쓴맛이 튀고
따듯한 물로 정을 보태면 신맛이 핀다
오래도록 만나면 단맛으로 화답한다

공간을 가득 채운 아로마와
쓴맛 신맛 단맛이 일렬로
차곡차곡 입속을 채울 때

끝없이 행복이 퍼진다

젯값*

어머니
어릴 적 다녔던 교회에서 했던 기도
기억납니다
하나님 저를 천당으로 인도해주시고
하나님을 믿지 않는 자는 지옥으로 보내주십시오

스무 살 넘어 하나님을 믿지 않기 시작했고
저를 벌로 다스렸습니다
가장이 되어 가족이라는 삶의 짐 지게 하셨고
생명을 탄생케 해 혈연의 굴레에 있도록 벌하시고
밥값 하도록 밤낮없이 일을 시켰습니다

나이 오십 넘어서는
어머니 말씀 죽도록 듣지 않기 시작했고
지키려 애쓰지 않았으며
아집과 이기심으로 살았습니다

지옥을 한번 다녀오겠습니다
붙잡지 마시고

불쌍히 여기지 마시고
죗값을 치르도록 내버려두세요
마음의 준비가 되었습니다

* 정호승, 「밥값」 패러디.

고래골*

궁한 살림에 초가지붕 개량은
해 넘기기 일쑤고
삼 년 지난 처마는 소낙비에
누런 물이 쏟아져 내린다

육순이 지난 할배는
눅눅한 사탕 하나
손자 입에 물리고
봉당에 내려앉아 곰방대를 문다

고된 삶의 유산처럼 깊이 팬 주름과
한숨에서
대물린 가난의 회한이
담배 연기로 피어난다

추석 다음 날 부음이 났고
고래골 능선을 오르는 상엿소리는
가을 하늘로 퍼져 나갔다

개 건너 옥수수밭 끝 당숙네도
솔솔 연기가 오르고
만상제는 쉰 송편을 씻고 쪄서
저녁상을 낸다

고래골은 댐이 생겨
고래가 오기 더 좋아졌고
당숙이 팔아버린 집터는
낯선 억양의 펜션 주인이
소일에 분주하다

할아버지를 만난다
잘 계셨냐고
밥은 먹고산다고
애써 조상 탓 않고
머리를 숙인다

* 고래골 : 강원도 횡성군 갑천면 포동리에 있는 지명. 1974년 여름 고래
  골 햇볕 좋은 곳 봉당에 앉아 소년이 보았던 풍경 한 장을 추억하며.

하루살이

시작은 정해지지 않았다
내일 아침 인사 나눌 친구를 만나는 소원이
유언으로 달빛 한구석에 날아간다

두 겹 날개를 빠르게 저으며 바람을 가르고
해를 사모하다 돌이킬 수 없는 상처를 입는다
저며오는 아픔으로 날개가 내뱉는 한숨

어둠 속 반짝이는 유혹에
새로운 아침이라는 착각으로 모여든 형제는
살충등에 감전되어 숨을 참는다

한숨과 숨이 부딪히고, 더 많은 숨이 무덤이 된다
검은 날개들을 겹쳐 장막을 엮는다, 시작 하나가 빠지
도록
그것 하나를 주워 새로운 운명에 숨 불어 넣고 싶다

욱

나는 진심인데
느물느물거릴 때
부아가 치밀고

그런
순간을 꾹 눌러
욱이라 쓴다

물컹
당신 눈에서
나는 욕심보다

욱하는
내 심장이
바삐 뜀질하는

욕심쟁이
정말
나쁜 당신

사월 어느 봄날

만물이 살아나는 바쁜 날이네
꽃 피는 따듯한 봄이라 좋다
오늘이 이 세상 마지막 숨을 쉰 날
긴 세월 걱정 없이 잘 살았어

누가 왔나
아이들도 매년 세월을 먹네
잘 살도록 더 챙겼어야 했는데
고생하는 모습 많이 아쉽네

평소 열심히 운동하고
맛난 것 잘 챙겨 먹고
욕심내지 않고
시를 쓰는 나날이 정말 좋았어

아픈 데 없이
잠자다 조용히 오는 게 복인 것 같아
그런 면에선 참 잘한 것 같다
내 어머니께 기도했듯이

설날 아침
한없이 나누던 정이 기억나네
사람 사는 맛이 넘쳐났지, 그때도 좋았어
정도 세월 따라 변하니 미련 두지 말자

어쨌든, 모두 잘 사니 다행이다
그리워 말고 궁상 말고, 내년 봄 또 보자 안녕

홍원창 노을

태기산 맑은 샘물은 횡성댐에 거처하고
멀리 비행기 날 때쯤 대화지로 여행한다

서쪽으로 바삐 가던 남한강은
힘차게 밀고 드는 섬강의 노질에
하얀 포말로 합수를 허락하고

낯선 물이 만나는 두물목에
하늘 낮게 기운 햇살로 황혼이 핀다

창고 속 쌀알만큼 사연 많던 홍원창*
떠나지 못한 돛단배 홀로
조용히 손 흔들며 추억을 담는다

* 홍원창: 강원도 원주시 부론면 홍호리에 위치한 고려 초기 세곡 창고가
  있었던 포구.

5부

단막극

조금 남은 빛 찌꺼기로
마음을 비추니 점점 궁색해지는

오른쪽 당신에게

우리는
종이를 맞들고, 함께 소리 내고, 기도하며
서로 응원하고 따듯한 온기를 나눴지
때로는 당신이 내려친 망치에 멍들어도
아픔을 같이 이기고
힘을 보태 부족함을 채웠지

우리는
같은 쓸모로 났지만 마주보았고
먼저 손든 당신이 성골이 되고
세상은 그 우성을 인정했지
눈에 보이는 것의 팔 할이 당신 것이어도
불평하지 않고 공평이라 여겼지

당신은
전화기를 곰지락
가로세로 위치를 바꾸기도 하고
검지로 화려한 춤을 추며
내게 무거운 고통 전해줬지

요즘, 나와 당신은
좌요 우요 따지는 일도 늘고
당신이 수평 모드를 고집하는 동안
나는 오십견으로 하늘을 들 수 없게 되니
괜히 서운한 마음 손끝으로 번지네
갈색 손끝에 냉기가 도는 나

단막극

금요일 저녁마다
스무 개 남짓 조명과 스피커, 열 개 안팎의 마이크가
막이 열리길 기다리는 금성산 들머리 소극장

어둠에서 밝은 빛으로 조여오는 조명
숨을 참고 목을 빼고 각자 방향에 서 있고
배우 몸에서 발산하는 파장은 가득 공간을 채운다

저녁에 피어야 할 달이 아침에 해를 이고 뜨고
돼지가 닭을 품고
개가 소를 낳는 세상 이야기가 펼쳐지고

배경을 짊어지고 힘겹게 서 있는 암막
천장 풍력발전기는 따뜻한 바람으로
머릿속 난류를 만들어 뜨겁게 혼란을 준다

조금 남은 빛 찌꺼기로
마음을 비추려니 점점 궁색해지는
기억나지 않는 표음문자 묶음이 떠돌아다니며

단막극은 막을 내린다

어머니의 마술

칼 대파 마늘 아욱 된장
국수판 방망이 밀가루 콩가루
간장 종이포대 그리고 흰색 결정체
마술 준비가 끝났다

종이포대 바닥에 가루를 뿌린다
몰래 알아낸 사실이다
마술할 때 마찰력을 줄이고 서로 엉겨붙지 않도록
콧기름 대신 쓰는 비법이란다

작은 바람에도 가루가 흩어진다
물을 뿌려 둥글게 모이도록 한다
지긋이 주무르고 돌려 누르며 한 덩이로 변신시킨다
화려한 손놀림, 계속 돌리고 힘을 주어 둥글게 만든다

설렁설렁 않고 혼신으로 한다
잠시 쉴 때 무명천을 덮어 비밀스럽게 한다
마술을 찰지게 하고
방해하는 것을 막으려는 것이란다

둥글고 긴 방망이로
둥근 반죽을 눌러 쟁반 크기로 바꾼 후
누르고 굴리며 치마폭 지름만큼 크게
정밀하고 신속하게 펼친다
눈 깜짝할 사이다

콩가루 한 줌 들어 뿌리고
손바닥 크기 폭으로 말아 접는다
같은 두께로 움직인다
중간중간 가루를 뿌리며 가락이 생긴다
한 가닥 두 가닥 생길 때마다 칼춤을 춘다

사람들 오는 시간에 맞춰 마술이 끝나고 물이 끓는다
푸른 싹을 데쳐 부서지도록 짓이겨 풀물을 빼고
넉넉히 장을 풀고 간장으로 간을 더한다
끓어오르는 물이 용솟음친다

불을 끄고 평가하는 시간

사람들이 돌아가며 트림으로 평가한다
배 문지르며 트림한다
모두,
평가 등급 별 다섯을 준다는 신호
기록에 남을 보기 드문 마술이다

왜가리

한쪽 다리를 힘겹게 거둬 겨드랑이에 맡겼다
체온이 오른다
바람이 불어 한쪽이 얼기 전에 다른 쪽으로 바꿔
기대어 선다
그렇게 겨울을 난다

다리 하나를 잠시 병원에 맡겼다
나머지 한쪽에 온몸을 기대고 섰다
평소 신경 쓰지 않던 한쪽이 나에게 물었다
하나로 살 만하냐고,
녹록하지 않다

차가운 바람이 오기 전
홀로 서는 연습을 해야겠다
내 짝과 영원히 함께한다는 믿음도
버리는 연습을 하자
외다리로 서본다
한쪽이 시려온다

택배로 왔다

소리도 없이
보이지도 않게
셀 수도 없는 많은 것을
매년 하나씩 받는 선물
한 해 동안 잘 챙기고
또 보내면 보태서 정성껏 모시고 산다

갈수록 빨리 달려가는 인생길
쌓아놓지 말고 아낌없이 덜어
한 번에 열 개씩 화답하면 얼마나 좋을까

어느 날 거꾸로 가는 시계를 벽에 달고
지난 세월을 역으로 세어봐야지
스물이 되면 군대에 가고
더 지나 돌이 되면
돌잡이로 돈을 잡아 복을 드리고
곤히 잠드는 습관으로 어머니 노고를 덜어드려야지

택배로 왔다

정말 싫은 선물
나이 한 살

사파*Sapa

오방색 모자를 쓴 그녀는
일 달러 지폐 몇 장을 손에 쥐고
행운의 손목 띠를 팔고 있다
프랑스 사람 누군가 애써 만든 도시
분주한 발걸음 속 여유 있고 편안한 사파

추위가 느껴지는 시간
난방이 되지 않는 산장에서 바라본 하늘은
누군가의 영혼
누군가의 사랑
누군가의 시가 되어
별로 쏟아져 내리고 있다
빛나는 별들의 혼숙이다

넓게 솟은 봉우리에 그들은 신민이 되려 한다
신에 무릎 꿇고 기도를 한다
판시판**은 세상을 온화하게 감싸안고
끝없는 위안을 준다

무엇이든 요기를 하면
세상이 분주하게 움직이기 시작한다
맑은 육수에 허브를 올린 쌀국수는
좋은 속에서 우러나오는 미소를 만든다

누군가 내 손목에 오방색 띠를 묶었다
까만색 모자에 가운을 입은 여인
눈이 깊고 까맣다
그가 들고 있던 띠를 나는 행운으로 거두는 순간
그곳은 나를 구속하기 시작한다
순수한 미소로
이국의 풍경으로
진한 베트남 커피로

* 사파 : 베트남의 스위스라 불리는 곳, 프랑스풍의 고산 휴양도시.
** 판시판 : 베트남 민족의 영산. 해발 3,142m로 인도차이나의 지붕.

현수막

난장의 천막 같은
다색의 외침

씨줄과 날줄이
넝쿨이 되고

소귀에 경 읽고
장님 개천 나무란다

소녀의 기도

거칠고 낯선 현해탄 건너에서
햇무리 너머
채송화 피는 나의 고향을 그리네

뼈저리게 받은 고통과 해진 치마는
가슴속 상처로 가시지 않아
원망의 넝쿨로 온 세상에 번진다

용서를 위한 나의 몸짓은
진심이 아니기에
애써 마음 비우고
평화를 갈망하는 기도로 채운다

세탁소 김 사장

매일 건물 벽에 걸린 간판을 보고 내가 한 일이라며 자랑하던 김 사장은, 하늘 끝에서 간판을 달며 짜릿했던 순간을 뒤로한 채 그래도 일 덕분에 하늘을 쳐다보고 산다며 너스레 떤다 아버지 덕에 가진 것은 많아도 사람 욕심이 끝없는 것, 돈 될 만한 일이면 이것저것 별것 다해본 사람이다 군대서 배운 레펠 기술이 간판 다는 밥벌이에 요긴하게 쓰게 되었을 때 무슨 일이든 진심으로 하면 당장은 아니더라도 언젠가는 쓸 일이 있다는 것을 알게 되었단다 사람들이 제 신발도 빨아서 신기 싫어하는 세상이다 자기 스스로 신발을 빨면 내 발이 무엇이 문제인지 신발 바닥 닳는 모양을 보고 판단할 수 있는데 그런 기회를 버리는 셈이다

김 사장이 신발 끝 해진 자리를 수선하며 푸념이다

요즘 좋은 신도 버리는 사람이 많아, 아까운 게 없는 세상이지, 몇 달은 족히 신을 수 있는 신발인데 버리는 것을 모아 리폼도 하고 깨끗이 수선하여 필요한 사람에게 선물도 한단다 그에게는 신발 하나하나가 돈이다, 빨면 돈이 된다 하늘에서 바닥을 보고 일하고 바닥에서 그런 일들을 보며 자랑스러워한다

이제는 더욱 땅바닥을 자주 보게 된다

작심作心

불이 켜진다
바람이 불어도 비가 내려도
세월을 기다리는 불이 켜진다

온 힘을 써 오르고 한숨만 토하다
허공을 보고 웃고 울며
맥 빠진 다리로 세상을 버틴다

셀 수 없는 길
바쁜 걸음으로 어렵게 왔다
힘 있을 때 내려갈 작심을 하고

불이 꺼지기 전에 길을 떠난다
기억이 지워지기 전에
네 몸이 더 약해지기 전에

다시 올라야 할 계단을 찾아

까치집

사나운 사람들 눈짓
이유 없이 지저귀는 까마귀 모자母子
내 집 한 채 짓자는데 시새움만

어느 봄날 바람은 세차고
시꺼멓게 밀려오는
질투와 번잡한 눈총

철사 조각 서까래 위
바싹 마른 나뭇가지 얼기설기 얹고
곱게 마른 풀 덮어 만든 집

내 쉴 곳 전봇대 위에서
봄 햇살을 만나는 날
밭두렁에 참쑥이 기지개를 켠다

치악종주雉嶽縱走

새벽을 걷는 발걸음이 소금 한 지게 진 듯 땅에 끌린다
온몸 녹는 민달팽이 고행을 부추기는 습도가 지시치 한
계에 도달한 더위, 꿩이 울리는 종소리에 아침 여는 상원
사는 가볍게 꼬리 흔들며 사람을 반기는 진돗개 보살과
아랫마을 신림서 밀려오는 안개에 부산하다

삼대를 이어 적선해야 볼 수 있는 치악산 속내는, 착하
게 살자는 굳은 다짐 되어 욕심 가득 채워온 배낭을 더욱
무겁게 한다
눈 가려 보지 말아야 할 일이 가득한 속세에서 깊게 오
염된 마음을 갖고, 손 하나로 가릴 수 없는 저 아래 풍경
을 보고자 하는 마음 궁상맞다

보슬보슬 여름이 익어간다
맘껏 자란 풀은 길 막으며 못 간다 시위하고, 상투 푼
보은의 풀은 길 가르며 이 길로 가라 보챈다
나뭇잎은 바람을 가르고 폭포는 물을 토하며 꽃바람
일군다
덜 여문 다래가 매달리기를 포기하고 땅 향해 수없이

낙하한다

아주 오래전 몹시 가물었던 봄에 잔불이 번져 산 한가
득 불이 났을 때, 다시는 뜨거운 사랑을 안 한다던 너 치
악산은 점점 두꺼운 분칠을 하고 몸 웅크려 불같은 해에
순종하며, 오동통 풍만해진 가슴을 풀어헤치고 맘껏 안아
보라 한다

향로봉은 자두 빛 가득한 하늘 열고, 양지바른 남대봉
은 봉숭아 물들인 꽃 피우고, 사다리병창은 버섯 같은 분
내로 여름 가득 채운다
단숨에 뛰어올랐던 비로봉은 된 숨을 뱉어야 오를 수
있다
세월이 쌓였다, 너는 점점 단단해지는데 나는 너를 사
랑하기 벅찬 시간이다.

'여러 겹의 문'에 낀 존재의 슬픔

김정수

시인

공간空間은 기본적으로 아무것도 없는 텅 빈 곳을 뜻한다. 텅 비어 있으므로 그곳에서 '물체'와 '물질'이 생겨나고, '무슨 일'이든 벌어질 수 있다. 공간은 안으로 닫혀 있지 않고 밖으로 열려 있다. 열려 있고 비었으므로 그 안에 무엇이든 채울 수도 있다. 그 무엇도 가두려 하지 않는, 갇히지 않는 자유로운 곳이다. 텅 비었다고 해서 그곳에 존재 자체가 없는 것은 아니다. '없는 곳'에 '있는 것'이 들어가는 순간 그 공간은 의미로 채워진다. 공터를 생각해보자. 텅 비어 있지만, 햇빛과 달빛이 비치고, 바람이 불고, 구름이 지나간다. 그래도 이곳은 채워지지 않은 공간이다. 잡초가 자라고, 비와 눈이 내리고, 나비와 새가 날아왔다가 날아가기도 한다. 물체와 물질이 생겨났지만, 공터는 공간 고유의 기능을 그대로 유지한다. 공터에서 새

들이 벌레를 잡아먹을 수도 있다. 한 생명이 사라지는 '엄청난 일'이 벌어졌지만, 공간이라는 사실에는 변함이 없다. 한데 공터에 집이 들어선다면 이야기는 달라진다. 단순히 집 한 채가 들어서는 게 아니라 '공간'이 사라진 곳에 '장소들'이 생겨나는 일이기 때문이다. 그 집에는 방과 거실, 화장실 등으로 채워지고 결정적으로 사람이 거주한다. 집이 들어선다고 해서 공간이 완전히 사라지는 것은 아니다. 좁게 분할된 공간은 폐쇄적 구조를 갖는다. 방이나 거실 같은 작은 공간들이 순차적으로 태어난다. 그곳을 가구와 사람, 동식물이 차지하면서 공간은 '장소'로 바뀐다. 여백이나 위치, 범위를 가져 객관적으로 수치화가 가능한 공간에서 개인이나 집단의 경험과 감정을 공유하는 주관적 서사의 장소로 변경되는 것이다. 공간과 장소의 결정적 차이는 인간에 의한 의미 부여 여부라 할 수 있다. 가령 도서관은 공간이지만, 책을 읽는 자리는 장소가 된다. 집이나 도서관 자리의 공통점은 사람이 머무는 자리라는 것이다.

정우연의 첫 시집 『대문 없는 집』은 공간 이후의 장소에 주목한다. 사람이 머문 자리나 거쳐 간 자리에 자주 눈길을 준다. 공간과 장소에는 필수불가분의 시간이 개입하고, 시인은 시간의 더께가 앉은 기억을 소환한다. 시간과 기억의 수면 아래 잠겨 있던 이야기와 경험적 성찰, 강력한 시적 동인動因이 "한 묶음의/ 단막극"('시인의 말')

을 만들어낸다. 정우연의 시에서 집은 시적 언어가 유래한 곳이다. 가스통 바슐라르는 『공간의 시학』(동문선, 2003)에서 집은 "최초의 세계"이며, 비록 그 집이 비천할지라도 아름답다고 했다. 그 집에서 누군가 태어나는 순간 하나의 세계가 발원한다. 그 하나는 독립적으로 존재하는 게 아니라 그 집에 사는 사람들과 밀접하게 관계를 맺는다. 독립적 존재로서 공통의 질서에 순응하며 살아가는 것이다. 최초의 세계에서 마주한 언어는 지속적으로 가족 구성원의 영향을 받는다. 어린 시절에는 외부 세계가 틈입할 기회를 거의 주지 않는다. 성장하면서, 시행착오를 거치면서, 지식과 경험이 쌓이면서 외부 세계의 영향력은 점차 확대된다. 내부 세계와 외부 세계가 융합되고, 감정과 이성이 정체성을 형성한다. 외부 세계는 또 다른 우주다. 내부 세계의 질서 경험이 외부 세계에도 적용된다. 내부와 외부 세계의 영향을 받으며 주체로 자리한다. 내부 세계와 외부 사이에 문이 있고, 시인은 문에 주목한다. 내부 세계의 여러 문과 외부 세계로 통하는 대문, 그리움이 내장된 기억의 문, "열어야 할"(「여러 겹의 문」) 내일의 문 등을. 여러 문을 통과할수록 경험의 산물인 기억과 추억도 쌓여간다.

이때도 집은 가장 원초적·본질적 세계의 출발점이다. 특히 "나의 생시를 기억"(「대문 없는 집」)하는 어머니와 자식이 태어나는 것을 "기쁨으로 축복"(「구름 속의 달 –

아버지를 그리며」)하는 아버지와의 기억은 선명하고도 지배적인 이미지를 형성한다. 시인이 집을 옮겨 다니며 겪은 상실과 상처, 쓸쓸함과 고독도 교차한다. 시인의 의식 가장 깊은 곳에 정우연의 시의 발원지인 고향이 있다. 표제시 「대문 없는 집」에 등장하는 강원도 횡성군 갑천면 포동리 648번지는 "대물린 가난의 회한"(이하 「고래골」)이 서린 곳이다. '고래골'이라 불린 그곳은 "육순이 지난 할배"와 당숙네가 함께 어울려 살다가 댐이 생기는 바람에 강원도 원주시 소초면 "장양리 923번지"(이하 「대문 없는 집」)로 이사를 한다. 고향 집이 수몰되지는 않은 듯하다. 수몰로 인한 이주의 정서가 시에 직접적으로 드러나지 않기 때문이다. 이후 등장하는 서울시 강남구 "개포동 155번지"는 상급학교 진학을 위한 상경, 인천시 "백령도 연화리 해병 분초"는 군대 생활, 강원도 춘천시 "후평동 95번지" 전역 후 직장 생활을 시작한 것으로 보인다.

쳇바퀴 돌며
찾고 찾아도
찾을 수 없는 문

익숙한 문은
오른쪽 아래에 손잡이가 있고

맞바람이 불어도

힘껏 밀고 나가면 열린다

어디에 있을까

기억의 문이 닫혀버린 나

　　ー「대문 없는 집」 부분

　"대문 없는 집"을 나선 시인은 다시 집으로 돌아가는
것이 쉽지 않다. 성장 과정에서 떠난 고향 집은 삶의 배후
역할에 머물고, 시간이 흐를수록 농도 짙은 그리움이 고
여 있는 장소이기 때문이다. 집에 대문이 없는 건 도둑이
없는 평화로운 곳일 수도, 가난 때문일 수도 있다. 만약
후자라면 대문을 나선 이후 뒤를 돌아보는 마음이 아릴
수밖에 없다. 공간과 공간을 막아선 대문은 집 안과 밖의
경계이면서 통로다. 이쪽에서 저쪽으로 움직이는 것을 선
택하고 통제한다. 보통 문은 집안의 사람을 보호하기 위
해 안으로 닫혀 있다. 솟을대문에서 보듯, 대문은 겉으로
위계와 지위를 드러내기도 한다. 위의 시에서 대문은 중
의적이다. 시인의 삶 앞과 뒤에 놓인 문은 실제로 존재하
지 않는다. 없는 고향 집 대문과 시간이 흘러 "찾을 수 없
는 문"은 시인의 기억에만 존재하는, 과거의 문이기 때문
이다. 애초에 없으므로 "찾고 찾아도/ 찾을 수 없는" 추억

의 문이다. 그러므로 "오른쪽 아래에 손잡이가 있"는 문은 다른 집에서 얻은 경험의 산물이다. 시인은 스스로 묻는다, 나는 "어디에 있을까". "기억의 문"이 닫히는 순간 기억 속에 존재하는 집과 가족의 서사도 같이 갇혀버린다. 이때 문은 신성한 영역이나 무의식의 세계로 진입하지 못하고 자의식에 갇혀 있다. 그런 점에서 이번 시집은 닫히고 밀폐된 자아를 열고 세상과 소통하고자 하는 욕망의 발현이다. 정우연에게 시는 "오른쪽 아래에 손잡이"가 달려 있는 "익숙한 문"을 열고 나가는 일이면서, "고운 봄빛 풀어/ 달콤한 시 한가득/ 꽃 피우"(「마당 있는 집」)는 일이다. 익숙한 경험의 세계와 정통서정이 만나 새로운 이미지를 창출한다.

늦은 가을
햇살이 격자 문살로 쪼개져
따스하게 비추는 날
한지 한 묶음 풀어
싸리발에 바르게 펼치고

색 바랜 양은 냄비에
밀가루죽 만들어
석유풍로에 천천히 데워 풀을 쑤고

뜯어낸 문짝 돌담에 기대어놓고
물 한 모금 물고 무지개 나도록 곱게 흩뿌리며
묵은 종이를 불려낸다

모두 벗은 문틀 격자에 풀 펼쳐 발라주고
한지 속 명주실과 인연 깊어져라
구김 없이 당겨 붙이며

온기 묻은 손잡이 곁에는
코스모스 맨드라미 홀 잎을 꽃 모양으로 붙여
가을 담은 수채화 그리고

문틀에 종이가 꾸덕꾸덕 말라갈 즈음
한 뼘 안 되게 문풍지 바르고
몇 번 여닫아보며 가족의 안녕을 소원한다
　　　　　—「문종이 바르는 날」 전문

　대문 안에선 무슨 일이 있었을까. 그리움이라는 열차
를 타고 시간을 거슬러 올라가면 "이슬 내린/ 아침을 쓸
고"(「마당 있는 집」) 있는 아버지와 가족을 위해 손수 칼
국수를 만드는 어머니(「어머니의 마술」)와 "눅눅한 사탕

하나/ 손자 입에 물리고"(「고래골」) 담배를 피우는 할아버지와 그 모습을 햇볕 좋은 봉당에 앉아 바라보는 소년을 만날 수 있다. 특히 「어머니의 마술」에서 재료 준비부터 "종이포대 바닥에 가루를 뿌"려 반죽을 준비하고, 그 반죽을 숙성하고, 밀고, 써는 등 칼국수를 만드는 과정과 온 가족이 맛나게 먹는 것을 세밀하게 묘사하고 있다. 시인은 어머니의 음식솜씨를 마술에 비유한다. 밀가루, 콩가루, 대파, 마늘, 아욱, 된장, 간장으로 흩어져 있던 재료가 한데 어우러져 칼국수(음식)가 되는 과정은 가족의 화평을 위해 희생하고 조율하는 것을 상징한다. 어머니는 마술사처럼 "서로 엉겨붙지 않도록", "지긋이 주무르고", "방해하는 것을 막"고, "누르고 굴리며" 가족을 주무른다. "기록에 남을"만큼 탁월한 어머니의 마술에 온 가족이 "배 문지르며 트림"하는 평화가 유지된다.

2024년 『문학고을』등단작 중 한 편인 「문종이 바르는 날」도 「어머니의 마술」처럼, 문종이 바르는 날의 가을 풍경을 한 폭의 수채화처럼 정감 있는 솜씨로 펼쳐낸다. 시적 대상이나 사물, 정황을 밀도 있게 서정적으로 접근하는 것이 정우연 시의 한 특징이다. 이 시에서 문종이를 교체하는 행위의 주체가 명확하지 않지만, 어머니와 아버지의 협업으로 봐야 한다. 문을 떼고 붙이는 일은 아버지, 풀을 쑤고 바르는 일은 어머니, 한지를 떼고 붙이는 일은 공동으로 했을 것이다. 문종이를 새로 바르는 일은 추

수가 끝난, 겨울이 오기 전의 "늦은 가을"이다. 햇빛 좋은 날 "한지 한 묶음"을 풀어 "싸리발에 바르게 펼"친다. 풀을 쑤면서 "뜯어낸 문짝을 돌담에 기대" 놓고, 입으로 물을 뿜어 묵은 한지를 벗겨낸다. 한지와 "문틀 격자에 풀"을 바르고, 꽃잎을 붙여 운치를 더한다. 겨울바람을 막아줄 문풍지를 발라주면 끝이다. 어머니의 세심한 손길과 아버지의 정성으로 "가족의 안녕"은 유지된다. 어린 시인의 눈에 문종이 바르는 날의 풍경이 각인된 듯하다. 시인은 이 모든 과정을 단순 묘사에 그치지 않고, 과거의 우물에서 건져 올린 기억 한 장면을 동영상처럼 보여준다. 곁에서 들려주는 듯한 풍경 묘사와 이미지로 경험의 세계를 생생하게 복원한다. 잠시 자리를 이탈한 문이 새옷을 갈아입는 사이 방은 살짝 속을 드러낸다. 문을 여는 익숙한 동작이 사라진 자리에는 허전함이 찾아든다. 여러 이유로 집을 나선 시인의 난자리가 겹쳐진다.

오단 서랍장에서 먼지를 쓰고 기다린

고향 집 배경의 풍경 사진과

카투사 시절 개리슨모가 잘 어울리는

스물두 살 청년의 흑백사진

성경책 속지에 성례의 생일을 고이 적어 지키고

딸의 태어남을 기쁨으로 축복한 추억
절실하고 무거웠을 삶과 소소한 삶의 흔적
― 「구름 속의 달 ― 아버지를 그리며」 부분

네 개 서랍이 모여 산다

추억을 지고 저벅저벅 서랍으로 모인다
없어도 될 것이 기억을 사로잡고
세상 물건 사용법이 모여 줄을 선다

비디오테이프가 추억을 베고 잔다
시디 몇 장이 노래할 날을 기다리고
만년필이 촉 끝을 닫고 갈증을 버틴다

고칠 수 있는 기계가 없다
차라리 사용법을 익히고
멈춰 서면 서랍을 열지 말 것

다시 읽을 날이 있을까
서랍 한가득 사용법이 세상을 바라본다
막도장은 벌건 인주에 이미 취했다
― 「오래된 서랍」 전문

새로 바른 문을 열고 좀 더 집 안으로 들어가면 "오단 서랍장"이 있다. 바슐라르는 서랍을 작은 사물들의 집이고, 상자는 비밀들의 집(앞의 책)이라 했다. 그는 또 장롱 속은 내밀함의 공간으로 누구에게나 열리지 않는다고 했다. 쓰임이나 사용의 빈도로 보면 서랍 속의 세상은 허약하기만 하다. 서랍은 앞으로 뺐다 끼울 수 있는 뚜껑이 없는 상자다. 앞으로 열리는 문이다. 뺄 때 위가 열려 있고, 닫으면 위의 상자가 뚜껑의 역할을 한다. 자주 열어보지 않는 서랍 속에는 쓰다가 잊어 방치하거나 잊어버린 물건들이 들어 있다. 그런 면에서 서랍은 기억을 닮았다. 몽땅 잊어버린 것도, 어떤 말이나 사물의 자극에 다시 생각나는 것도, 각인되어 영영 잊히지 않는 것도 있다. 서랍을 여는 행위는 기억을 더듬는 일이다. 무심코 열었다가 잊힌 물건을 발견하곤 통째 서랍을 연다. 차례차례 서랍을 열어 기억을 되살린다. 시적 정황상 서랍장이 놓인 곳은 현재 사는 집이라 짐작할 수 있지만, 시인은 "고향 집 배경의 풍경 사진"을 시의 서두에 배치해 서랍을 여는 것이 고향 집을 열고 들어가는 듯한 시적 효과를 의도한다. "카투사 시절 개리슨모가 잘 어울리는/ 스물두 살 청년의 흑백사진"은 '구름 속의 달'이 된 아버지를 그리워하는 시라는 것을 참작하면 시인보다는 아버지로 보인다. 가족을 부양하는 "무거웠던 삶"과 아내의 생일을 챙기고 자식이 태어나는 "소소한 삶"이 서랍 속에 고스란히 들어 있다.

「구름 속의 달 ‒ 아버지를 그리며」가 서랍 속의 사진을 통한 그리움을 단선적으로 표현했다면 「오래된 서랍」은 서랍의 의인화를 통해 가족을 희화한다. 전자가 원가족이라면 후자는 현재 가족, 서랍은 방의 중의적 표현이다. 서랍은 구조적으로 단절의 사물이다. "네 개 서랍", 즉 각자의 방에 들어가면 어지간해서는 열리지 않는다. 위와 아래, 계층적 구조의 서랍은 한꺼번에 열 수 없다. 하나를 열면 하나를 닫아야 한다. 함께 집에 모여 살지만, 각자의 삶이다. 방과 방은 소통하지 않는다. "세상 물건 사용법"은 가족의 사용법이기도 하다. 오래된 서랍을 여는 건 과거로 떠나는 추억 여행이다. 서랍은 현재의 단절과 과거의 결핍이 합류하는 지점이다. 그리움이 집약된 이 지점이 시의 연원이다. 그리움의 실체를 대면할 수 없으므로 시인은 "흑백사진"이나 "비디오테이프"를 통해 대리만족한다. 노래를 상징하는 "시디 몇 장"이나 일기·편지를 상징하는 "만년필"을 통해 그리움을 대신 향유한다. 세상 어디에도 그리움을 "고칠 수 있는 기계"는 없다. 오롯이 몸과 마음으로 견뎌야 한다. "막도장" 같은 그리움을 주체하지 못하면 한잔 술에 의지할 뿐이다. 그리워하되, 울지 않는다. 겉으로 울지 않아 안으로 쓸쓸함이 더 깊이 각인되었을지도 모른다.

어느 날 핀잔을 들었다
너는 어찌 틀에 박힌 일만 하냐고

나는
삐거덕대는 문을 잡아주는 문틀도 아니고
손때 기름때 잔뜩 묻은
콩가루 송홧가루 다식틀도 아니다

저녁에 여러 번 씻어 불린
서리태 한 말을 갈아
가마솥에 끓여서 콩물을 내고
간수를 부어 굳힐 때

제법 무거운 돌 하나
짊어지고 버티면 되는 일
내 틀대로 만들어야
반듯하고 손쉽게 나누기도 좋은 법

두부 꽤나 만들어낸
오동나무 두부틀
— 「두부틀」 전문

128

여기, '틀' 하나가 더 있다. 서랍이나 상자와는 결이 조금 다르고, "삐거덕대는 문을 잡아주는 문틀"이나 "손때 기름때 잔뜩 묻은" "다식틀도" 아닌 "오동나무 두부틀"이다. 편찬에 대한 반발이 이 시의 발화점이다. "어찌 틀에 박힌 일만 하냐"는 말은 시키는 일만 관습적·형식적으로 하냐는, '진부하다'라는 부정적 의미를 담고 있다. '틀'은 오랜 숙련에 따라 정해진 규정된 형식이고, "틀에 박힌 일"은 반복적인 경험의 산물이다. 숙련된 방식이 통째 부정당하는 순간 시인은 '두부틀'을 떠올린다. 무형의 틀 대신 유형의 틀을 가져와 반박하고 있는 모양새다. 많은 틀 가운데 왜 두부틀일까. 문틀은 늘 사용하지만, 다식틀은 어쩌다 꺼내 쓰는 귀한 것이다. 그 중간에 있는 두부틀은 일상적으로 사용하지는 않지만, 필요할 때마다 꺼내 쓴다. 중요한 것은 두부를 "내 틀대로 만들어야/ 반듯하고 손쉽게 나누기 좋은 법"이라는 사실이다. 만드는 것보다 나누는 것이 더 좋다는 삶의 철학이 묻어난다.

#잠겨 있는 문

문으로 연결된 세상
무엇인가 숨기기 위해, 나누기 위해

세상은 문으로 가득 차 있다

자기를 숨기려 문을 닫고

자기를 안에 놓고 세상을 잠근다

문을 두드릴 때마다 두근대는 마음을 느끼도록

멀찌감치 들려오는 소리를 듣기 위해

문을 열어야 할 때

잠긴 문 열 수 있는 열쇠 하나와 주어진 시간

그 열쇠로 다시 나를 잠근다

—「여러 겹의 문」부분

처음 가는 길 돌머리 텃세에 설움 깊고

꼭꼭 숨은 아침 이슬 바지 젖기 일쑤지만

가고 또 가면 흠뻑 정들어 눈 감고도 가는 길

논두렁 타고 개울 건너 아랫마을 가고

고개 두 번 넘으면 초등학교 담장 끝

스님 계신 절까지는 산길이라 몇 번 쉬어가는 길

모진 비바람에 쓸리고 닳아

흔적 사라진 발자국과

잊지 못한 이야기가 소복이 쌓여 있는 길

할머니 무릎 베고 숨죽여 듣던 전설

어둠 내려앉은 성황당 가는 길

지워진 그림자가 웅성웅성 걷는다

―「그 길」 전문

　내부 세계인 집과 외부 세계인 길의 중간에 문이 있다. 문은 세상과의 단절이면서 연결 통로이다. 시인은 문을 "무언가 숨기기 위해, 나누기 위해" 존재한다고 정의한다. 안에 숨기는 것은 "자기"인데, 나누는 것의 정체와 그 주체는 명확하지 않다. 또한 문 스스로 안으로 숨어드는 이유와 "다시 나를 잠"그는 이유도 불명확하다. 스스로 유폐하고는 누군가 문을 두드리길 기다린다. 문을 두드리는 것은 누구일까. "두근대는 마음"의 근원인 "멀찌감치 들려오는 소리"에 의한 반응으로 보이는데, 그 소리에는 시간보다 거리가 먼저 개입한다. 가까운 거리에 있는 사람이 먼저 "문을 두드"리고, 그다음 "멀찌감치" 멀어진 사람이 찾아올 것이기 때문이다. 문을 잠그고, "열쇠로 다시 나를 잠"그는 건 세상의 가장 안쪽에 나를 위리안치하는 일이다. 이중장치로 나를 잠그지만, 자물쇠의 기능은 안이 아닌 밖에서 여는 것이기 때문이다. 만약 하나밖에 없는 열쇠를 가지고 문 안에 숨었다면 내가 문을 열어주기 전에는 마음의 문은 열리지 않을 것이다. 영원한 유폐, 관계의 단절에 가깝다. 하지만 "두근대는 마음"과 소리에 대한 기대가 느껴지므로 세상으로 연결된 문은 다시 열릴 것이다.

대문을 열고 나서는 순간 가장 먼저 만나는 것은 '길'이다. 서랍 속에 아기자기한 물건들이 놓여 있는 것처럼 골목에도 소소한 이야기가 숨어 있다. 관심을 끌 만하지만, 시인은 아기자기한 골목 대신 집에서 멀찍이 떨어진 길을 주목한다. 그 길에는 "이야기가 소복이 쌓여 있"다. 시인은 그 길을 걸으며 이야기를 생산하고 수확한다. "처음 가는 길"은 서툴러 길을 붙잡고 있는 돌부리에 걸려 넘어진다. 어린아이의 첫걸음처럼 미숙한 걸음이다. 이른 아침에 나선 길은 이슬에 바짓자락을 적신다. 밤이슬이 내리고 아무도 걷지 않은 길이다. 그래도 집에서 멀리 벗어난 길이 아닌지라 다니다 보면 "흠뻑 정"이 든다. 나이를 먹자 "개울 건너 아랫마을"과 고개 넘어 "초등학교"와 산길을 걸어 "절까지" 영역을 넓힌다. 그 길옆에는 "두더지가 이집 저 집 논밭 헤집어놓"(이하 「가뭄」)거나 "개울 건너 응달말 산딸기"가 빨갛게 익어가고, 가마솥에 닥나무를 삶는다. 봄이면 "볕 잘 드는 곳"(「삼월 할미꽃」)에 할미꽃이 피고, 여름이면 "꽃길이 되어준 채송화"(이하 「부추꽃」)와 가을이면 "속살 붉게 태"운 맨드라미가 피고, 겨울이면 "꽁꽁 언 냇물"(「얼음꽃」)에는 겹겹이 얼음꽃이 핀다. 꽃뿐만 아니라 봄에는 "두엄 냄새"(이하 「계절 익는 냄새」),

여름에는 "감자 삭는 냄새", 가을에는 "은행알 냄새", 겨울에는 "청국장 띄우는 냄새"가 진동한다. 꽃과 냄새는 향수를 자극하는 강력한 기제로 작용한다. 그런 의미에서 시인이 걷는 길은 '기억의 길'이면서 '인생길'이다.

달력 한 장 접고 펴고 꼭꼭 눌러 만든 종이배
강물에 잠길 숙명 안고 진수를 한다
알 수 없는 목적지, 어디로 갈지 모르는 출항

꽃 만나고 하늘 품으며 흘러간다
비 내리면 비를 맞고 바람 불면 바람 부는 대로
긴 여정 외로움은 먼지 조각되어
도도한 강을 황톳빛으로 적신다

끝이 시작되는 강과 바다의 만남
함께 온 이야기가 강 끝, 저문 바다로 빠르게 섞이며
세상 인연을 하얀 포말로 분리한다

하늘과 바람과 꽃을 만나면 갈 수 있는 곳
돌아갈 수 없는 곳, 회항을 꿈꾼다
— 「회항」 전문

춥다고 솜이불 찾고
바람 들어온다고 창문을 닫는다
숨도 쉬기 어려운 팔월 무더위

세상을 바라보던 삶의 창이
조금씩 닫혀가고 희미해간다
창밖 조용히 흐르는 강물에게 무어라 말한다

세월에 흘러간 기억 저편

먹고살려고 남에게 준 자식
군대 간 아들의 죽음
삶을 통째로 바꾼 남편의 사고

원망을 참고 모정을 찾았던 자식
아들 몸값으로 집에 온 쌀 한 가마
지아비 대신 짊어졌던 삶의 무게

아프고 힘들었던
원치 않게 그녀가 그렸던
세상의 그림들이
하나둘 낡고 해져서 잔상만 남아 있다

그녀는 조금씩 기억의 문을 닫는다
아픔을 지우고 원망을 지우고
짊어졌던 무거운 삶을 지운다
　　　　─ 「기억의 문」 전문

「회항」은 길 위의 생이 "알 수 없는 목적지"로 출항하는 것과 다르지 않음을 보여준다. 목적지가 정해져 있지 않은 출항은 "누구도 가보지 않은/ 내일"(「한여름」)이다. 내일은 바로 앞에 있지만 이를 수 없는, 우리는 늘 오늘을 살 뿐이다. 출항 이후 여러 길이 있는데, "어디로 갈지 모르는"게 인생길이다. 미지 세계에 대한 두려움이 엄습할 수도 있는데, 시적 분위기는 의외로 차분하다. 그것은 가고자 하는 방향과 상관없이 결국 "강물에 잠길 숙명"이기 때문일 것이다. 물의 최종 목적지는 바다지만, 물 위에 떠 있는 종이배는 바다에 이르지 못하고 강물에서 생을 마감한다. 생명이 있는 것은 다 죽는다. 죽음이 최종 목적지는 아닐지라도, 다다르는 곳은 결국 죽음이다. 한데 무생물인 종이배가 항해를 마감하고 잠기는 곳은 강물 속이다. 이 시에서 종이배는 단순한 종이배가 아닌 달력을 접어 만든 것이다. 달력에 박힌 날짜는 이미 흘러간 세월이고, 지나간 세월의 무게를 싣고 항해하는 것이다. 즉 달력은 시인의 지난 삶, 바다 이전의 강물은 순탄치 않은 삶의 "긴 여정"을 상징한다. "강물에 잠길 숙명", 즉 중도에 죽을 것이란 결정론으로 시를 시작했는데, 어찌 된 일인지 숙명론을 극복하고 바다에 이르러 회항을 꿈꾼다. 항해 중간에 무슨 일이 있었던 것일까. 출항한 종이배는 꽃을 만나고, 하늘을 품으며 "비 내리면 비를 맞고 바람 불면 바람 부는 대로" 아래로 흘러간다. 뭍이 아닌 물 위에 뜨는 순간 자연과 한 몸이 되는 물아일체物我一體의 경지를 경험한다. 세속에서 벗어나 한껏 강호한정江湖閑情에 취하면, "외로움은 먼지"에 불과하다. 하여 출항과 중간 멈춤이라는 숙명론을 극복하고 유유자적할 수 있었던 것이 아닐까.

사실 지금까지 시인이 열어젖힌 것은 다 "기억의 문"이다. "세월에 흘러간 기억 저편"에 있는 문은 "세상을 바라보던 삶의 창"이다. 그 창에는 다시는 "돌아갈 수 없는 곳"에서 만난 "세상 인연"과의 "함께 온 이야기"들이 스쳐 지나간다. 시인은 "팔월 무더위" 기억의 문을 닫는 한 생을 통해 "지아비 대신 짊어졌던 삶의 무게"를 가름한다. 한 자식은 먹고살려고 남에게 주고, 한 자식은 군대에 가서 죽고, 남편은 사고로 다쳐 "지아비 대신 짊어졌던" 그녀의 삶이었다. 임종을 앞둔 그녀는 창밖에 "조용히 흐르는 강물"에 하소연한다. 시적 대상이 누구인지 알 수 없지만, "회항을 꿈"꾸는 종이배의 "무거운 삶"과 다르지 않다.

유월의 수국은

엷은 파스텔빛으로

가지 끝 꽃무리 짓고

하늘 아래 물정원에 수줍게 얼굴을 들이네

세상 모든 민낯 물에 담아

잔물결에 속내 감추고

어렴풋이 겉모습 보여준다

물결 속에서

나를 보는 시선은

햇빛

바람

물결에 가리어 희미해지고

물결 깊이 감추어져

보이지 않는다

— 「나를 볼 수 있는 것」 전문

정우연의 시에서 문과 길 이미지만큼이나 중요한 비중을 차지하는 것이 물의 이미지다. 세월/역사의 흐름(「회항」, 「남한강」, 「흥원창 노을」), 회한과 토로의 대상(「기억의 문」), 궁핍한 생활의 반영(「고래골」), 외롭고 쓸쓸함(「빈집」) 등 다양한 물 이미지를 자신의 방식으로 시화하고 있다. 이들 시에서는 공통적으로 시간이 환기하는 시적 대상이나 상황, 공간에 대한 연민 의식이 드러난다. 문학에서 거울이나 물은 자아, 존재, 이미지를 질문하는 도구로 사용되는데, 「나를 볼 수 있는 것」에서도 물은 세계와 자기 자신을 반영하는 이미지로 표출된다. 얼핏 보면 물속의 수국과 화자 '나'를 역치해 서로 들여다보는 듯하지만, 별개의 존재로 "잔물결에 속내(를) 감추고" 있을 뿐이다. 민낯과 속내를 드러내는 환경은 수면이 잔잔할 때뿐인데, 공교롭게도 물결이 인다. 화자 '나'는 자신을 드러낼 준비가 되어 있지만, 환경이 이를 허락하지 않는다. 물속의 나를 바라보는 행위는 자칫 나르시시즘으로 오해를 받을 수 있다. 하지만 이 시에서 화자 '나'는 거리낄 게 없다. 겉과 속이 다르지 않고, 감출 게 없는 정직한 삶이기 때문에 당당할 수 있는 것이다.

이제 단막극 하나가 "막을 내"(「단막극」)렸다. 지금까지 공간과 장소의 안과 바깥을 감각적으로 관찰하고, 시간을 역류해 그리움을 소환했다. 집과 길 그리고 문 이미지에 상상력을 더한 성찰적 사유를 정통서정의 풍경으로 그려냈다. 또한 물의 흐름과 정체를 반영한 존재와 세계를 다양한 시각에서 조명했다. 남들과 차별화된 경험은 엄청난 시적 자산이다. 이 경험이 빛을 발하려면 직접 언술보다 사물에 기대거나 연상·상상 등을 통해 현재화하는 것이 더 효율적이다. 기억으로 소환된 이야기를 주관적으로 풀어놓기보다 객관화해야 단막극이 더 재미있기 때문이다. 시인은 지금 "다시 올라야 할 계단"(「작심作心」)에 서 있다. "시간을 쓸어버"(「마당 있는 집」)려야 "물결에 가리어 희미해"져도 나를 볼 수 있고, "다색의 외침"(「현수막」)을 들을 수 있다. 남들이 낼 수 없는 오묘한 맛의 시가 한가득 차려진 다음 단막극을 기대해본다. 끝

달아실 기획시집 47

대문 없는 집

1판 1쇄 발행	2025년 9월 24일
1판 2쇄 발행	2025년 11월 24일

지은이	정우연
발행인	윤미소
발행처	(주)달아실출판사

책임편집	박제영
디자인	전부다
법률자문	김용진, 이종진

주소	강원도 춘천시 춘천로 257, 2층
전화	033-241-7661
팩스	033-241-7662
이메일	dalasilmoongo@naver.com
출판등록	2016년 12월 30일 제494호

ⓒ 정우연, 2025
ISBN 979-11-7207-070-0 03810